JN411595

오늘의문학시인선
443

웅달샘

雲亭 이위근 시집

오늘의문학사

옹달샘

이위근 시집

발 행 일 | 2019년 2월 22일
지 은 이 | 이위근
발 행 인 | 李憲錫
발 행 처 | 오늘의문학사
출판등록 | 제55호(1993년 6월 23일)
주 소 | 대전광역시 동구 대전로867번길 52(한밭오피스텔 401호)
전화번호 | (042)624-2980
팩시밀리 | (042)628-2983
전자우편 | hs2980@hanmail.net
카 페 | cafe.daum.net/gljang(문학사랑 글짱들)
cafe.daum.net/art-i-ma(아트매거진)

공 급 처 | 한국출판협동조합
주문전화 | (070)7119-1752
팩시밀리 | (031)944-8234~6

ISBN 978-89-5669-989-9
값 9,000원

* 이 도서의 국립중앙도서관 출판예정도서목록(CIP)은
서지정보유통지원시스템 홈페이지(http://seoji.nl.go.kr)와
국가자료종합목록시스템(http://www.nl.go.kr/kolisnet) 에서 이용하실 수
있습니다. (CIP제어번호 : CIP2019006025)

옹달샘

■ 책머리에

[깊은 산속 옹달샘 누가 와서 먹나요
맑고 맑은 옹달샘 누가 와서 먹나요
새벽에 토끼가 눈 비비고 일어나
세수하러 왔다가 물만 먹고 가지요
달밤에 노루가 숨바꼭질 하다가
목마르면 달려와 얼른 먹고 가지요]

－문명이란 파도에 휩쓸려 동요와 함께
떠내려 간 "옹달샘"
목이 마르면 어디서나 그대로 입만 대고
꿀컥꿀컥 삼키던 생명의 물－그 순수,
옹달샘 같은 시를 쓰고 싶었다.
첫사랑처럼, 향수처럼 아련히 사라져 간
지울 수 없는 시간들…….
그 꽃물 같은, 때로는 아프기도 했던
그리움의 시간들을 붙잡아 그리고 싶었다.
어느 날 당신이 삶의 갈증을 느낄 때
산속 토끼처럼, 노루처럼 한 모금 마시고
갈 수 있는 샘물이었으면 좋겠다.

2019년 봄
雲亭 이 위 근

■ 목차

제1부 그리움

제2부 못 다한 그림

제3부 사선을 넘어서

제4부 기도하는 마음

제5부 아픔

제6부 생의 뜨락

이위근 시집 발문

제1부

—

그리움

쪽배

그리움 하나 꺼내어
쪽배를 만듭니다.
아름다운 청춘
돛으로 달고
희망의 푸른 바다
노 저어 갑니다.

너만 보면

뭍으로 뭍으로만 달려드는
저 푸른 물결처럼
너를 보면
내 가슴 출렁이던 날
이른 봄 돋아나는 새싹처럼
지금도 파릇파릇 돋아날 건가?

막무가내로 피어나는
저 들꽃처럼
너만 보면
내 가슴 파도치던 날
달빛에 일렁이는 꽃물결처럼
지금도 너를 보면 출렁거릴까!

그리움

가을 밤
가장 아름다운 별 하나 따
그대에게 던집니다.

임이여
반짝이는 유성 하나 지나거든
내 그리움인 줄 아오.

맨 처음 가슴 열어 보인
사람아!

기다림

별들이 밤하늘을
떠나지 못하는 것은
어느 날 곱게 물들인
그리움 때문입니다.

노을이 언제나 그 자리에
매달려 있는 것도
홀연히 떠난 임
행여 돌아올까 봐서입니다.

우리가 별들과 눈을 맞추고
노을 앞에 넋을 잃고
서 있는 것도
누군가를 기다리며
그리워하기 때문입니다.

뻐꾹새는 우는데

가뭇없이 떠난 임
바람꽃 뽀얗게 피면 돌아온다더니
들꽃
메꽃 다 피었다고
뻐꾹새는 우는데
한 해 가고
두 해 가고
몇 해를 더 피었다고
뻐꾹새는 우는데…….

아름다운 영혼

흘러간 시간의 언저리에
노을 같은 그리움 하나
매달아 놓았다면
당신의 삶은 외롭지 않을 겁니다.

당신이 벗어 놓은 발자국 속에
언제나 꺼내보고 싶은 추억 하나
담아 놓았다면
후회 없는 삶이라 불러도 좋을 겁니다.

다시 붙들 수 없는 삶 속에서
세상에 비굴하지 않고
남에게 상처를 남기지 않았다면
그보다 더한 생은 없을 겁니다.

집을 짓고 싶어요

가을엔
집을 짓고 싶어요.
쪽빛 하늘 물어다
황금 들녘 새들의 작은
둥지 같은
그런 집 하나
노을 속에 짓고 싶어요.

가을엔 까맣게 익어가고 싶어요.
어느 이름 모를 골짜기에
새벽이슬처럼 반짝이는 눈동자
그 고독한 영혼이 되고 싶어요.

가을엔 또
그리움이 되고 싶어요.
학교 갔다 지쳐 돌아올 때
동구까지 뛰어나와 꼬리치던
누렁이,
소꿉친구 같은
옹달샘 같은

그런
그리움 하나 되고 싶어요.

별똥별

어렸을 때 별똥별은
환상이었지요.

추억이고 낭만이고
환희였습니다.

어른이 다 되어서야
그것도
존재의 의미를 어렴풋이
알게 되고서야
그것이 슬픔이고 고독이고
눈물이었다는 것을 알았습니다.

별들의 이별이라는 것을
알았습니다.

그리운 밤

지나간 날들은
다시 돌아올 수 없기에
우리는 그것을 그리워하는 겁니다.

지는 해가
아름다운 노을을 남기듯
우리 삶도
헤어짐 있어
그 애절한 추억을
가슴에 매달고 사는지 모릅니다.

홀연히 떠난 시간
정다웠던 사람들
무수히 스쳐간 수많은 인연과 숨결이
주마등처럼 달려와
가슴 파고드는 밤입니다.

코스모스

코스모스만 보면
사랑하고 싶어진다
스치기만 해도
설레는 여자

초록빛 스카프에
방긋 웃는 꽃봉오리
애교스런
손녀 같은 꽃

코스모스만 보면
사랑하고 싶어진다
멀리서만 보아도
가슴부터 뛰는 여자.

목련

밤새도록
봄비 먹고 가슴 부푼
하얀 목련꽃
욕실에서 갓 나온
신부 같다.
앞가슴 파고드는 실바람에
감미롭게 뒤척이는
저 꽃 좀 보소.

– 아름다움 뒤에는 반드시 소멸이 옵니다.
그 소멸 있어 꽃은 더 아름답고
존재는 더 고귀한 겁니다.

해변에서

누가 흩뿌려 놓고 간
분홍빛 자국들…….

파도는 그리움을 퍼내고
나는 파도에
꽃잎 하나 새긴다.

갈매기가 물고 온 바다
가슴 뛰는 바다

파도는 어쩌란 말이냐
뭍을 향한 너의 뜨거운 피를
나더러 어찌하란 말이냐
나도 너를 찾아왔거늘…….

등 뒤에선 노을 한 점
빨갛게 웃고 있다.

파도

너무나 그리워
출렁이는 거야.

너무나 그리워
잠 못 드는 거야.

아- 아 떠난 임
뱃고동 소리

너무나 그리워
갈매기는 날고

너무나 그리워
몸부림을 치는 거야.

무청

꽃물 같은 그리움
하나
매답니다.

이제
아득한 시간이 되어버린
지울 수 없는 꽃물,

할머님
한 해를 엮으시고
어머님
허기를 구수하게 끓여 내시던
그윽한 손맛,

꽃물 같은 그리움 하나
엮어
가슴에 매답니다.

마음의 그림자

내 마음 그림자가
있다면

그리운 맘 하나 접어
그대 연못가에 띄웠으면
좋겠네.

내 가슴 그림자가
있다면

애타는 가슴 달빛에 새겨
그대 방 문살에
걸어주었으면 좋겠네.

제2부

—

못 다한 그림

청춘

넌 설렘이었어,
그러나 난 그것도 모르고 지나쳤지.

넌 꾸미지 않아도 눈부시고
무대에 오르지 않아도 황홀했어.

그러나 그땐 그것도 몰랐어.

어느 날 네가 갑자기 산에 올라
한 뼘 햇살로 점점 작아지며 손을 흔들 때야
땅을 치며 알았어.

네가 생에
단 한 번밖에 피지 않는
가장 아름다운 꽃이었다는 것을…….

바닷가에서

바닷가에 서면
아려오는 가슴
죄스러운 발자국 하나 있어요.

대륙보다 더 넓은
여름이면
도시가 텅 비는 바다

그런 바다
그런 하늘 한번 못보고
아스라이 지평선을 넘으신 어머님

바닷가에 서면
갈매기가 물고 오는
푸른 설움 하나 있어요.

그때는 왜

그때는 왜
쫓기고만 살았는지 모르겠다.
밥 한 술 더 뜨고
덜 뜨면 어떻길래

그때는 또 왜
앞만 보고 걸었는지 모르겠다.
산도 보고 뒤도 한 번
돌아보면 어떻길래

나보고 만일 나보고
한세상 더 살라 하시면
한입 가득 베어 문 과육처럼
사극사근 녹아나는 아들이 되고
개구쟁이처럼 엉키어 뒹구는
친구 같은 아빠가 되고 싶다.

캘린더를 넘기며

작지만 세상에는
간직하고 싶은 게 있습니다.
여리고 작을수록
더 소중하고 정이 가는 게 있습니다.

어머님 이마 더듬으시며
거울 앞에 망연히 흐느끼시던
추회의 눈물이나
아버님 껴안다 놓쳐버린
바람 같은 세월처럼,

떠나는 5월의 옷자락에
꽃잎 하나 매달립니다.
보내고 싶지 않은 마음
더 두고
만지고 싶은 5월입니다.

불효

임종 못한 자식
불효라는 걸,
피붙이 기다리다
눈 못 감았다는 말,
해가 쌓일수록
가슴 에입니다.

이승도 아니고
저승으로 가는 길
얼마나
뒤돌아보고 싶었겠습니까?

산다는 것,
살아간다는 것이 무엇인지
부모님
배웅 한번 못해 드렸습니다.

사진첩을 꺼내며

보석함에 간직한
시간의 상자를 열고
마지막 결혼을 하는
막내의 튀는 웃음을 꺼내 봅니다.

큰애에 이어
세 번째의 썰물이지만
지나간 날
함께하던 순간들이
뜨거운 꽃물로 파도쳐 옵니다.

간조처럼 빠져나간 빈 둥지
그 아롱진 둥지에는
아쉬움의 조각들이 머무르고

머물다 간 자리에는
아직도 못다 한 체온이 남아 있어
그리움을 만듭니다.

핏줄 1

– 떠나는 날

미국에 가 있는 아들이 방학을 맞아
한 달간 머물다 갔다.
공항버스에 올라 떠나던 날
주체할 수 없이 밀려오는 공허,
아무리 감추고 숨기려 해도
함께하던 손길 하나 호흡 하나가
이슬로 맺힌다.
침대에 벗어 놓고 간 T셔츠에
아직 머물고 있는 체온,
우리 부부에 맞춰 준비하고
구석구석 가지런히 정리해 놓은 물건들
손때 묻은 볼펜 하나까지도 아린 가슴이 된다.
한 달간의 짧은 스침,
눈길 멎는 데마다
손길 닿는 곳마다 뜨겁게 만져지는 체취
대장부 꿈을 안고 먼 길 떠나는데
망령 같아
이성으로 달래보고 참으려 해도
제어되지 않는, 제어할 수 없는
노도(怒濤).

하얀 봉투

살아생전 할머니께
용돈 한번 못 드려 가슴 아파하던 딸애가
할머니 기일 영정 앞에
하얀 봉투 한 장 꺼내 놓고 합장을 한다.
오랜 병고로 자리에 누워 계셔
곰살궂지 못하고 불효했던 나는
금세 눈시울이 젖는다.
어머니
그 봉투 속에 울먹이는 손녀의 아린 가슴
맺힌 한을 아시는지요?

못 다한 노래

첫눈이 오면
보랏빛 하늘 한 자락
살짝 들춥니다.

그대 꽃잎 하나
가슴에 와 불을 당기고
내 푸른 날이
노을에 걸린 채 파닥입니다.

흰 눈이 내리고
하늘 아리게 푸르던 날
우리는 영혼을 포개며
숫눈길을 걸었지요.

지금도 미소 짓는 첫눈이 흩날리고
어둠 찢는 그리움에 뒤척일 때면
못다 한 그 노래를 부르기 위해
홀로 떠나갑니다.

나의 소녀여!

플랫폼에 가면
잃어버린 시간을 되찾을 수 있을까?
낮달이 뜨고
코스모스 피면
나는 언제나 그곳으로 달려가곤 한다.
철길에 피어나는 별빛 같은 시간들
아름다웠던 조각들을 보석처럼 주워 모은다.
이제 깨지고 금이 간 것들
한때는 태양처럼 눈부셨고
세상은 나를 위해 존재했었지.
아직도 하늘은 푸르고 태양은 빛나건만
이국처럼 느껴지는 낯선 거리, 낯선 사람들
아! 아름다웠던 시간, 나의 소녀여!

이브의 눈빛

아름다움은 그리움을 낳는다.

고적한 산사에서
빨갛게 익어가는
감나무를 만나면
그 황홀함에 심장이 멎은 듯
그 자리에 우뚝 서고 만다.

그것은 신들이 내다 걸은 등불
창조주의 목소리
아담이 이브를 만났을 때
첫 눈빛이 저리 고왔을까?

낙엽이 지고
감나무에 흰 눈이 내려
첫사랑의 꽃물이 들면
나는 그 추억을 찾아 날아가는
한 마리 그리운 산새가 된다.

미련의 갈피

미련의 갈피 속에는
아득한 그리움이 산다.

그림의 여백처럼
더 높고 푸른 하늘
동화 같은
머나먼 설렘이 있다.

들여다보면 들여다볼수록
더 깊고 맑은 향기

미지의 그 나라에는
언제나 노을이 피고
싸락눈 같은
그리움이 내린다.

그리다 만 그림

인생은 그리다 만
그림,
색색의 그림을 그리다
미련만 남겨 놓고 떠나간다.

꽃이 피었다 간 자리에는
그리움이 머물고
새들이 날아간 가지에는
못다 한 노래가 남아 있다.

우리는 날마다 하늘을 머금고
가슴 부푼 캔버스에
아름답게
더러는 슬프게
어느 때는 진한 물감으로
뭉클하게 그림을 그리다가
때가 되면 떠나간다.

우리들의 아버지와 어머니처럼.

산과 바다와 노을

산이 작아지지 않고
언제나 아름다운 모습으로
서 있는 것은
사람들이 놀러와
커다란 욕심 하나씩
내려놓고 가기 때문입니다.

바다가 잠들지 못하고
언제나 출렁대고 있는 것도
사람들이 달려와
무거운 가슴 하나씩
내던지고 가기 때문입니다.

봄, 여름
가을, 겨울 없이
홍조처럼 피어나는 저녁노을은
당신이 누군가를 기다리며
매달아 놓은 그리움 때문입니다.

노을

쪽빛 하늘에
은비둘기 날고
꽃잎 물고 오는
실바람

흰옷 입은 할머니
목화송이 따실 때
불타는 저녁놀
치마폭을 적시네.

제3부

—

사선을 넘어

태양의 길이

날이 갈수록
병원 가기가 두려워진다.
가기만 하면
알약 한 가지씩 더 따라붙고
급한 데 한 곳 막았나 싶으면
또 다른 곳이 터진다.
자전거 낡은 튜브처럼
더 이상 때울 수 없는 세월의 무게
날마다 늘어나는 알약만큼
태양의 길이도 짧아만 간다.

병상에서

무엇이 그리워
달려온 시간
넘어져 창을 보니
구름 한 조각
새 한 마리가
행복을 물어가네.

불청객

\- 위암

암흑이었다.
하늘이 무너지고 땅이 꺼졌다.
곤두박이치는 내 영혼
찢어지는 시간,
거스를 수도
주워 담을 수도 없는
절대의 영역
빨갛게 그어진 선,
살 만큼 살아왔고
흐르는 대로 출렁이자고
다짐 또 다짐하면서도
정좌할 수 없는
흔들림.

뜨개질

아내가 나에게 줄 조끼를 뜨고 있다.
마지막 뜨개질이라며, 뜬 조끼를 입고
십 년만 더 같이 살자며 눈시울을 달군다.

나는 안다.
아내가 지금 가슴에 뜨고 있는 별 하나를

이제 얼마 남지 않은 시간을 뜨고 있는 거다.
더 이상 뜰 수 없는 시간을 붙들고 있는 거다.

지난 밤
허공에 사라진 어느 유성의 한줄기 빛처럼
언젠가 사라질 별 하나를
가슴에 매달고 있는 거다.

광대

한때는
남의 가락에 춤을 추었다.
내 장단에 맞춰 노래하고
춤을 추기 시작하면서
파란 하늘이 보였다.

우주의 중심이 보이고
분별이 보이고
참 나를 보기 시작하면서
가야할 곳
가지 말아야할 길
소중한 것
취하고 버려야할 것이 보였다.

아니 어쩌면 내가
우주의 중심을 보고
분별을 보고
참 나를 보기 시작하면서
내가 내 가락에 맞춰
춤을 추기 시작했는지도 모른다.

살면서 너무 많은 날들을
헛되이 따라 웃고 울었으니까…….

흘러간 노래

"노래에 살고 사랑에 살고"
푸치니 토스카 중에 나오는 노래다

입추 지나 가을비가 추적추적
내리던 어느 날
현인의 맛깔스런 목소리가
거리를 촉촉이 적신다.

아- 아 신라에 밤이여-

젊어서는 그리 귀담아듣지 않았는데
새삼 심금을 울리며
가슴 속 파고드는 것은 무엇일까?

요즘은 흘러간 노래
흘러간 시간이 무척 그립다.

5245 병동

예수꾼이 달려든다.
핏주머니와
링거병을 주렁주렁 차고 있는
환자 앞에
뻐다귀나 만난 듯이…….

날마다 내밀고, 뿌려지고
쌓여 가는 전단지

[병도 낫고 천당도 간단다]

받아 들을 힘도
받아 말할 기력도 없지만
독거노인이나
암 병동에 가 돌봐 주면
그게 천당 가는 게 아니냐고
말 한 미디 건네면
들은 척도 않고 떠나버린다.

나는 예수를 사랑한다,
그러나 크리스찬은 싫어한다.
왜냐 하면 그들은
예수를 너무 닮지 않았기 때문이다*

* 마하트마 간디

병상에서 만난 철학

병상에 누워 사선을 넘다 보니
안개에 가려 보이지 않던 세상인심도
손바닥 보듯 환이 들여다보이더라.

열 길 물속은 알아도
한 길 사람 속 모른다던 캄캄한 미로가
X레이마냥 찍혀 나오고
평소
먼데서만 깜박이던 별들이 혜성처럼 나타나
가슴 뭉클하게 만드는가 하면
태양보다 눈부시던 별 또한
어디론가 숨어버리기도 했다.

인생은 착각 속에 살고 희망에 속아
기대에 배반당하기도 한다지만
세상에는 고마운 사람들도 많더라.

링거

입원을 하면
애인처럼 반기는 게
링거액이다.

가까운 친구보다
함께하는 아내보다
더 꽉 붙들고 따라다닌다.

때로는 불편하고
귀찮기도 하지만
그가 없다면 나도 없을 것
이 세상 모든 게
다 그런 것이 아닐까?

오늘부터 한 방울의 링거액도
사랑하기로 했다.

살아 있다는 것만으로

살아 있다는 것만으로 축복받은 밤
나를 스치고 간 모든 것들을 생각합니다.

나의 벤치에 맨 처음 달려왔던 햇살과
나에게 그림자를 만들어 준 달빛과
속눈썹을 간질이던 바람과
밤새도록 창가에 기대어 울던
귀뚤이를 생각합니다.

나를 아끼고 지켜 주던 많은 사람들
내가 그리워하던 사람들
나를 위해 피어 있는 꽃과 노래하는 새와
나에게 맨 처음 아름다움을 가르쳐 준
밤하늘의 별똥별을 생각합니다.

그리고 내가 앉아 먹을 식탁과
거처할 집과
걸어 다닐 두 다리와
눈과 코와 귀와 입과
나를 있게 해 준 모든 것들을 사랑합니다.

내가 살아 있는 한 이 밤처럼
어제를 사랑하고 오늘을 사랑하고
영원히 내일을 사랑할 겁니다.

우리는 이웃

소리 없이 지는 낙엽을 보고
생을 뒤돌아보는 것은
우리도
같은 길을 걷고 있기 때문입니다.

길가에 떨어져 파닥이고 있는
상처 입은 새 한 마리에
깊은 애련을 느끼는 것도
우리가 그들과 같은 맥박으로
숨 쉬고 있기 때문입니다.

세상 모든 꽃들이 그리 아름답고
작은 벌레 소리 하나에도 잠 못 이룸은
하늘이란 같은 지붕 아래 살고 있는
우리의 이웃이기 때문입니다.

이름 없는 꽃

가슴을 훌훌 털고
속세를 벗어 던진 선승처럼
어느 들녘에 소리 없이 피어나는
봄을 사랑합니다.

성도 이름도 모를 골짜기에
이국 소녀 같은 눈망울로
말없이 익어가는 작은 가을을 또한
사랑합니다.

외딴 하늘 가
적멸(寂滅)의 시공 속에 고고히 머물다 가는
이름 없는 봄과 가을을 사랑하는 것은

그 어느 화려한 성과 이름보다
더 가슴 에이고 설레기 때문입니다.

아름다운 생을 위하여

우리 지금 살고 있다는 건
그만큼 죽어가고 있다는 것
하루를 아름답게 살면
그만큼 아름답게 이별할 수 있다는 것이 된다.

오늘 내가 살고 있는 이 순간은
어제 죽어간 그 사람이
그토록 살고 싶어 하던 하루
후회 없는 그날을 위해
목숨같이 아껴 써야 할 시간

언제나 혼신을 다한 선수에게
영광이 주어지고
땀 흘려보낸 하루가 단잠을 불러오듯
우리의 마지막 순간도 그러하리라.

나목

무성한 이파리와
빛나는 열매를 힘겹게 매달았던
겨울나무는 아름답다.

몰아치는 빗발과
폭풍에 뿌리째 흔들렸다.
이제야 숨 돌리며
어깨 펴고 서 있는 나무

그 밑을 나란히 걷고 있는
노부부의 구부렁한 두 어깨가
유난히도 눈부시다.

알아주지 않아도

세상에는
아무도 알아주지 않아도
홀로 피는 꽃이 있습니다.

세상에는
아무도 찾아 주지 않아도 언제나
그 자리에 피는 꽃이 있습니다.

세상에는
아무도 기억해 주지 않아도
때만 되면 피는 꽃이 있습니다.

제4부

—

기도하는 마음

연등

마음 하나 꺼내어 내다 겁니다.

절실한 소망 담아 불을 켭니다.

하늘에 걸어 놓은 수많은 별들

저들은 무슨 소망 담았을 거나!

반달처럼

언제나 볼 수 있는
거실 한편 창가에
아이들 어렸을 때 나들이한
고운 웃음 하나
반달처럼 걸어 놓았다.

그때는 차마
할아버지가 된다는 것은
꿈엔들 생각했으랴만
어느덧 손주들의
귀여운 재롱 하나를
또 한편의 창가에
샛별처럼 걸어 놓았다.

수의를 짓는 마음으로

수의를 짓는 마음으로
그렇게 살아가고 싶네.

그때는 몰랐었지
어머님 이따금씩
수의를 꺼내시던 마음을

그 속엔
별들이 살고 있었지
미움도 시샘도 꽃잎이 되는
태고의 새끼들이 노래하고 있었지.

하늘 옷을 짓고 있네
마침표를 찍고 있네
그곳에
하느님도 부처님도 와 계시네.

날마다 수의를 짓는 마음으로
그렇게 살아가고 싶네.

여래의 미소

부처님을 뵈옵고 경배할 때면
중생의 미망이 거울처럼 보인다.

일상에선
탐진치 삼독의 수렁에 빠져
지고지순하신 말씀
돌같이 지나치다가

복주머니 하나 달라고 엎드려
애걸복걸 매달리는 모습이
얼마나 어리석게 보이셨을까?

그러나 존엄하신 그분은
언제나 가슴 깊이 경청하시어
자비로운 미소로
다독거려 주신다.

손주의 재롱

손주가 흘려 놓은 재롱
엎질러 놓고 간 일상들을
하나하나 주워 제 자리에 올려놓는다.
깨지고, 금이 가고, 멍이 든 가엾은 것들
어루만지고 아우르다 보면
파도가 휩쓸고 간 황금빛 모래톱에
하얗게 널브러진 조개 껍질마냥
거뭇거뭇 폐사된 일상들이
로버트처럼 꿈틀거리며, 더러는
엉덩이를 털고 배시시 일어난다.
손가락이 잘려 나간 놈
팔 다리가 부러진 놈
하얀 미소를 띠며 잘록거린다.
가면서 빠뜨렸던 제 물건에
"아차" 했을 손주 모습 떠올리며
아직도 구석구석 킬킬대고 있는
손주들의 귀여운 재롱 하나하나를
보석처럼 줍고 있다.

관음전의 미소

향일암 관음전
관음보살님은

하얀 안개 속에 떠 있는
감응도와 미타도
여래께서 머무르셨다는
세존도를 오매불망 굽어보시며

동백숲 꽃향보다
남해의 물빛보다
더 향그러운 미소로

먼 길 마다않고 찾아오는
중생들을
반겨주고 있었다.

학이 되어

권보살은
눈만 뜨면 사경(寫經)을 한다.

업 닦고 마음 씻어
세속을 털고
연꽃잎 정갈한 옷매무새
부처님께 합장한 후
학으로 꿇어앉아
사경을 한다.

때로는
여래가 보이는지
말씀이 들리는지
여명처럼 입가에
맑은 미소 지으며
하루해가 뜬다.

부부-사랑-해로

두 사람이 다리 하나씩 묶고
같은 라인을 달리며 쓰러지고 넘어지다
다시 일어서
목적지에 환호하는 경기를 보고
부부란 저런 게 아닐까 생각했어요.

5월의 어느 푸른 창가에
커피 한 잔, 사이에 두고 둘이서 마주 앉아
고운 눈 마주치며 꽃물 짓는 미소의
반짝임 속에서
사랑의 속살을 보았어요.

아스라한 벼랑 끝
천 길 낭떠러지 위에 등을 맞대고 앉아
서로 온기 나누며 눈보라 담뿍 쓰고 살아가는
노송의 숙연한 삶에서
해로의 고귀함을 느꼈어요.

아름다운 창

내 작은 서재에는 우주로 통하는
아름다운 창이 하나 있습니다.

그곳에서 나는 세상을 바라보고
별들과 이야기를 나누며 시를 다듬고
우주와 소통합니다.

날마다 밤마다 누군가 그림으로 채워 주는
아름다운 캔버스
단풍으로, 연두로, 백설로, 나목으로…….

어느 때는 참새, 까치, 비둘기, 호반새도
그려 놓고
창공에 둥근 달, 오색구름 매달아
내 마음 훔쳐 갑니다.

연잎차

하늘이 파랗게 우러난다.
구름이 떠 있고
달빛이 녹아 있다.

연잎 위에
때구루루 구르는
아침 햇살

처마 끝
풍경소리 마신다.
목탁소리 마신다.
스님이 끓여 내시는
뻐꾹새 소리 마신다.

행복

눈, 비 오면
거처할 집이 있고요.
배고프면
언제라도 앉아 먹을 식탁 위에
가지런히 놓여있는
젓가락과 숟가락이 기다리고
아직도 걸어 다닐 두 다리와
문만 열면 반겨 주는
사람 있는데
더 이상 바란다면
사치가 되지요.

12월에

12월은
한 해의 고마움을 담아 보내는
은총의 달,
가득 차 보이지 않던 것들을 비워
보이게 하는
계절의 창이기도 합니다.
앙상한 가지 끝에 삶의 둥지가 보이고
둥지 사이로 아스라이 반짝이는 그리움,
마지막 잎새를 흔들고 가는 시간의
아쉬움도 보입니다.
어둡고 그늘졌던 가지에는 파란 하늘과
영롱한 햇살이 축복처럼 내리고
빛나는 햇살 사이로
새벽을 쓸고 계시는 미화원 아저씨의
고마움과
하루를 줍고 계시는 등 굽은 할머니의
살아가는 모습도 보입니다.
이렇게 12월은
미처 보지 못했던 것들을 가슴으로

보게 하는
마음의 창이기도 합니다.

출항

어둠 속 부둣가
새벽을 여는 사람들로 술렁거린다.
만선의 기쁨을 싣고 떠나는 배들
때론 희망의 부푼 가슴을
먼 바다
깊은 파도 속에 묻어버리고 오는 날이
더 많지만
떠나는 이들의 가슴에는 언제나
만선의 깃발이 펄럭인다.
우리 인생도 다 그런 것이 아닐까?
산다는 것
하루하루 살아간다는 것이.

크리스마스

크리스마스는
사랑하는 사람들의 날이 아니라
사랑 받지 못하는 사람들의 날이다.

크리스마스는
선물을 기다리는 날이 아니라
선물을 들고 찾아가는 날

크리스마스는
휘황찬란한 축제의 날이 아니라
그늘진 곳에 등불을 매달아

너와 내가 따로 아닌
지구가 하나 되고
인류가 한 몸이 되는 날.

승천

대웅전 처마 끝

하늘을 나는 물고기

한 마리

몇 겁을 닦아야

저리 해탈을 할까!

제5부

—

아픔

답안지

산에 오를 때에는
시간이 무한하고
영원한 줄 알았다.

정상에 올라
땅거미가 보이기 시작하면서
시간에도 끝이 있다는 것을 알았다.

주어진 시간 내에
답안지를 작성해야 하듯
내 생의 답안지도
제출해야 할 시간인데

나는 아직
빈칸을 채우지 못하고 있다.

교단일기

– 아픔

교직에 발을 딛던
가슴 부푼 첫 교단이었지요.
고 1의 담임교사,
열정과 정의와 순백의 가치에
불타던 때였습니다.

결석을 밥 먹 듯 하는 두 학생,
하나는 아버지가 고위직에 계셨고
하나는 할아버지가 보호자로 되었지요.

아무리 달래보고, 얼러 봐도
성경에 손을 얹고 맹서를 해도
그때뿐인 두 학생

사정회를 앞두고 턱없이 모자라는
출석일수,
며칠 밤을 뒤척이다
원급이란 극약을 처방했지요.

지금도 목에 가시처럼 걸려 있는 그들,
그토록 훌륭하고 곡진했던 그의
할아버지와 아버지의 모습이
언제나 가슴에 못으로 박혀 있습니다.

다랑논

누가 흩뿌리고 간 그리움
올망졸망한 다랑논들이
한 폭의 수채화처럼
가을 하늘을 수놓고 있다

맨 처음 여기 누가 고운 씨 뿌려
액자에 담아 놓았을까?

산 중턱 양지바른 곳에는
가난한 무덤들이 초가집마냥
옹기종기 모여
생전 울고 웃던 발아래 시간들을
오매불망 굽어보고 있다.

평생
호미와 괭이로 허기를 지우고
긴긴 해를 찍으며 살다
그렇게 욕심 없이 묻혔으리라.

병원이 나를 보고

병원이 나를 보고 웃는다.
한 달이 멀다 않고 단골이 되었으니
그도 그럴 수밖에

하지만 나는 왜
만나면 만날수록 가슴만 더 뛰고
가면 갈수록
두려움만 더 커지는 것일까?

오늘도 그와 내가 만나기로
약속된 날
두려움 벗어 던지고 해바라기가 되어
활짝 웃자고
다짐 또 다짐 하지마는
손에 든 예약증은 무겁기만 하다.

아름다움 뒤에는 소멸이 있다

노을이 지면
칠흑 같은 어둠이 옵니다.
그 어둠 있어
노을은 그토록 황홀하지요.

진주처럼 매달린 영롱한 아침 이슬도
해가 뜨면 사라집니다.

죽을 때 한 번 운다는 가시나무 새,
텅 빈 하늘에 철지난 매미 한 마리의
더 이상 비상할 수 없는 마지막
푸른 노랫소리가
가슴을 때리고 온 산을 뒤흔드는 것도

그대여!
진실로 아름다운 것은 그 뒤에 오는
소멸 때문입니다.

아픔

– 팔려가는 어미소

장날 아침,
마지막 젖을 물린 어미소는
하늘이 무너지고
가슴이 찢어졌다.

저 죄 없이 여린 눈에
코뚜레를 끼우고 굴레를 씌운 게
제 업보라 자책한 어미소는
네 다리가 휘청거리고 부들부들
떨렸다.

내생(來生)은 높은 곳 에미 만나
행복하라며
매달리는 새끼, 눈물로 밀어 제치고
사립문을 나섰다.

아내의 주름

야트막한 비탈길
헐떡이며 뒤 처지고
대수롭지 않은 감기에도 휘둘리는
아내 모습 바라볼 때면
침몰하는 군함처럼
장렬했던 시간들이 아프게 다가선다.
망망대해
얼마나 사나운 폭풍 거슬렀던가
또 얼마나 험한 파도 휩싸였던가
포화에 찢긴 상흔
아내 얼굴 들여다보면
훈장처럼 남아 있는 애련한 별빛
실금까지 아려오는 햇살이 있다.

트럼펫 소리

노을 속으로 아련히 사라지는
트럼펫 소리…….

나는 트럼펫 소리만 들으면
전 세계가 울었다는 한 편의 영화*가
가슴 뭉클 떠오른다.

스크린에서
프랭크 시나트라는
불의를 참지 못하는 병사,
영창(군은 정의보다 복종을)을 탈출하다
사살 당한다.

사살된 전우를 끌어안고
비 오듯 뜨거운 눈물을 쏟으며 영원으로 보내는
몽고메리 클리프트의 트럼펫(진혼곡) 소리는
반세기가 지난 지금도
심금을 울리며 가슴 적신다.

* 지상에서 영원으로

성묫길

아버님 따라 걷던 성묫길
오늘은
나 홀로 걷습니다.

발길마다 피어나는 그 모습, 그 내음
시냇물도 깔깔깔 웃어주는데
아버님 그 웃음 보이지 않네.

아버님 따라 걷던 성묫길
오늘은
나 홀로 걷습니다.

언젠가는 내 아들도
혼자 걸을 길.

물레방앗간

이제 낯선 문명이 되어버린
사전 속의 물레방앗간
기적 같이 살아남아 나를 붙든다.

밀레의 마을 같은 노을이 피고
벼 이삭 알알이 익어가는 어느
아름다운 산촌,
번창했던 그날의 영화는 사라지고
공룡의 잔해처럼 남아 있는
그 집에는

절룩이는 바람과
추억을 갉아먹고 사는 늙은 쥐
한 마리가 아직도
허물어진 제국을 움켜쥐고
전설처럼 살아가고 있었다.

보리밭

노릇노릇 익어가는 보리밭을
지나가다가,
꽃물 일렁이는 그리움을
줍고 가다가,
유년의 향수가
하얀 연기로 피어올라
유월이 익어가는 산모롱이
꿈이 어린 그곳에
추억을 긁어모아 불을 피우고
비릿한 가슴 하나 새까맣게 그을려
짜릿한 그날을 씹고 있을 때,
하늘에선 개구쟁이 옥색 구름이
아직도 샛별 같은 너의 미소를
하얗게 하얗게
웃어 주고 있었다.

교감

하루 종일
밭갈이를 마치고 돌아온 농부와 소
이 하루도 무사히 함께 마쳤다고
소에게 최고의 만찬을 준비했다.
맛있게 먹으며 고맙다고 자꾸만
끄덕이는 소
농부는 그런 소가 미안하고 안쓰러워
목덜미에 손을 얹고 발잔등을
쓰다듬었다.

팔각의 정자

저 멀리
하늘과 땅,
바다가 보이는
고풍스런 팔각의
정자

지나는 수많은 길손
이곳 올라
산과
구름과
바다와
노을을 바라보며
고단한 삶 뉘었으리!

나 오늘
여기 한 점 바람으로 올라
그대 숨결 느끼노니
먼 훗날
또 누가 예 올라 이 내 숨결 느끼리오?

찔레꽃

유년의 뜨락에 피어나는
어머님 웃음 같은 꽃

어디서 보아도 그리웁고
언제 만나도 반가운 꽃

찔레꽃 하얀 웃음 속에는
전설 같은 향수가 산다.

소쩍새 울음 같은
아련한 그리움이 핀다.

5월에

카렌다를 보니
5월의 신록이 묵은 시간으로
빠져나가고 있다.

나이가 드니
보이지 않던 시간의 썰물이 곳곳에 보이고
유속 또한 빨라만 진다.

예금하듯 다시 채울 수 없는 지출만 되는
통장
5월의 눈부신 신록이 이제 얼마 남지 않은
통장에서 또 한 켜 빠져나가고 있다.

제6부

생의 뜨락

5월의 찻집

숲과 강이 잘
믹서 된
어느 오월의
푸른
찻집,

K와 마주한
그림 같은
그 집에는
지금도 샛노란
유채꽃 향기가 머문다.

시 한 마리

시 한 마리가
하늘을 날아간다.

잡힐 듯, 잡힐 듯
잡히지 않고

터질 듯, 터질 듯
터지지 않는 날

폭포처럼 하루 종일
울어대고 싶은 날.

물 한 컵의 행복

아침 일찍 일어나 마시는
물 한 컵의 행복

밤새도록
내 몸 구석구석 털고 닦으며
풀무질하느라 흘린 땀방울들이
들이키는 상쾌한 노동의 맛

유년의 옹달샘 물처럼
목을 타고 흐르는 짜릿한 감로수
오늘도 떠오르는 태양 가득 담아
한 컵의 행복을 마신다.

남이섬

호수에
반달처럼 떠 있는 섬,
그곳에 가면
나도 한 폭의 그림이 된다.

섬에서 하늘까지 뻗어 닿은
메타세쿼이아
사슴, 타조 한가로이 뛰놀고

자작나무 군락
새소리, 까치소리 들으며
무겁게 걸쳤던 세속 벗어 던지고
짊어진 욕망도 내려놓은 채

그 둘레길 한 바퀴 도노라면
나도 어느덧
호수에 잠긴 하나의 아름다운
풍경이 된다.

사랑은 명작을 낳고

베토벤은
사랑하는 줄이에타를 위하여
불후의 "월광곡"을 낳았다.

포우는
버지니아와의 애절한 사랑으로
"에너벨 리"를 분만하고

라마르티느는
쥴리와의 못 다한 사랑에서
"호수"를 잉태했다.

우리 속담에
아내가 예쁘면 처갓집 말뚝에
절을 한다더니

쇼팽은
사랑하는 조르주의 강아지에게
"D장조 왈츠(강아지 왈츠)"를
헌곡했다.

복사꽃

산 너머 부는 바람
복사꽃 하늑이네.

그 꽃잎 임에게 가
앞가슴 건드리네.

어쩔거나 어쩔거나
저걸 어찌할거나

내 가슴 이는 바람
버들가지 하나 못 흔드나니

어쩔거나 어쩔거나
저걸 어찌 볼거나.

여행

한번뿐인 삶,
나 물으면 대답하리라,
여행은 아름다웠다고…….

누구처럼 폼 나고
누구만큼 넉넉하지 못했어도

세상에 비굴하지 않고

내가 보고 싶은 하늘
부끄럼 없이 바라보면서

남에게 피해를 주지 않고
굽이쳐 바다를 이룬 강물처럼
해로하며 천수를 다했으니

나 물으면 대답하리라
여행은 아름다웠다고…….

그리운 나비

뜨겁고 푸르던 날들은 사라지고
철마는 돌아오지 않아도
먼 하늘 고개 들어 경적 소리 그리며
알알이 그리움 피워내는 간이역
오늘도 누군가 기다릴 것 같아
꽃을 찾아 날아가는
한 마리 그리운 나비가 된다.

행복은 장님인가 봐

건강이 그리 좋지 않은 나에게
가장 행복할 것 같은 소원 하나
지금 말하라면

땀 흘려 일을 한 후
찬물로 샤워하고
냉장고 문을 활짝 열어
시원한 맥주나 냉수 한 컵
꿀꺽꿀꺽 들이켜는 거다.

이제와 생각하니 행복이란
행복할 땐 눈이 머는 그런
장님인가 보다.

금수저

어제는 오렌지족 킹카가
오늘은 금수저가
젊은이들 가슴을 흔들어 놓고 다닌다.
부모를 원망 하고
목숨을 내던지기도 한다.

태양은 어둠 속에 뜨고
어둠 짙을수록 별은 더 빛나는 법

흙 한 톨 없는 바위틈에서도
뿌리는 내리고
줄기 뻗어 나가는 나무들을 보아라.

생명에는
금수저, 킹카보다 더 강한 뿌리가 있다.
한 치 앞 보이지 않는 어둠 속에서도
새어나오는 불빛은 있고 찾아갈
길은 있다.

내가 그 끈을 놓지 않는 한…….

할머니의 초상

선달그믐 날이면
대낮 같은 밤이 좋았습니다.
할머니는 새 옷 갈아입으시고
들기름 종지마다
가는 한 해의 고마움을 담아
우물, 장독대, 헛간, 광, 칙간에도
불을 환히 밝히셨지요.
나는 그런 밤이 좋아
그런 할머니가 좋아
눈 오는 날 강아지처럼 촐랑대며
따라다녔고, 할머니도 그런 내가 좋아
신명이 나셨습니다.
아! 가슴에 찍어 놓은
꽃물 같은 자국이여!

푸른 하늘 좋아

태고를 머금은 꽃

문패도 이름표도 달지 않고
식물도감에도 백과사전에도
얼굴 없는
아무도 알아주지 않고
누구도 찾아 주지 않는 작은 꽃

이름이 없으면 어때
아무도 알아주지 않고
찾아 주지 않으면 어때
푸른 하늘 새소리 좋아
여기 사는 거야.
바람소리 물소리 고와
여기 피는 거야.

나의 짝 곰보

요즘, 아파트 단지를 걷다 보면
버리기에 너무 아까운 물건들이
내쫓겨
팔려 가는 노예처럼
뜬눈으로 지새우고 있다.

아직도 살색 고운
꽃향 흐드러진 삼사십대
분 냄새 짙은 꽃색시도
시퍼렇게 소박을 맞고 있다.

나는 그곳을 지날 때마다
잊었던 나의 짝 곰보 책상을 만난다.
어머님이 일생동안 꿰매 쓰시던 함지박,
삐걱이는
할머님의 장롱 문짝 소리를 듣는다.

파도와 모래톱

얼마나 금슬이 좋으면
저리 죽고 못 살까?

파도의 혀끝에 벌렁 나자빠져
활활 타는 모래톱

어디서 훔쳐봐도
어디를 들춰봐도

하나는 누워 있고 하나는
그 입술 깨무네.

백주 대낮이나 칠흑의 어둠에도
앞가슴 풀어헤치고

불길 같은 파도에 자지러지는
모래톱의 시퍼런 관능이여!

육십령 고개

산 좋고 물 좋은
삼십이나 사십,
아니면
오십령 고개라도 끌어안고
뒹굴 일이지,
무엇하러 예까지
헐떡이며 올라왔는가?

누가 오르고 싶어
올랐는가
넘고 싶어 넘었는가
바람 따라
걷다 보니 그리되었지.

깨달음과 그리움의 정서적 소통

이위근 시인의 4시집 『옹달샘』을 감상하며

문학평론가 리 헌 석
사단법인 문학사랑협의회 이사장

1.

이위근 시인과는 일면식도 없습니다. 그러나 첫 시집 『못다 한 그림 하나』에서 〈첫눈, 그 사람/ 떠나간 초록과 단풍/ 노을 속에는/ 아직 그리다만 그림 하나〉가 '그리움'에 타고 있다는 상상력에 공감한 바 있습니다. 둘째 시집 『지지 않는 꽃이 어디 있으랴』에서 '아름다움 뒤에는 반드시 소멸이 오기에 아름답다'는 소멸의 미학을 공유한 바 있습니다. 셋째 시집 『메아리』의 작품을 읽으며, 인간의 삶을 진정성 있게 반영한 순수를 만난 바 있습니다.

그 감동의 물결이 채 가시기도 전에 넷째 시집 『옹달샘』의 작품을 감상하며, '깨달음과 그리움의 정서적 소통'에 놀랍니다. 세월이 흐르면서 시인의 감각과 감수성이 무디어지는 것이 일반적 경향인데, 이위근 시인에게는 이 말이 해당되지 않습니다. 오히려 세상을 바라보는 시각이 더욱 새로워지고, 이로 말미암아 그의 작품에서는 '정서적 사람냄새'가 자연스럽게 다가섭니다. 이와 함께 단형의 시에 깨달음의 경이(驚異)를 형상화하고 있습니다.

가뭇없이 떠난 임
바람꽃 뽀얗게 피면 돌아온다더니
들꽃
메꽃
다 피었다고
뻐꾹새는 우는데
한 해 가고
두 해 가고
몇 해를 더 피었다고
뻐꾹새는 우는데…….

―「뻐꾹새는 우는데」

이 작품은 어려운 시어가 없으면서도, 감당할 수 없는 별한(別恨)의 정서를 오롯하게 내포하고 있습니다. 비유와 상징으로 '그리움에 물든 가슴이 조각조각 떨어져 나가는 애상(哀傷)의 정서'를 담아냅니다. 특히 생략 기법을 활용하여 그 여진(餘震)이 오래가게 하는 특성을 지닙니다. 이러한 정서적 공감대 형성은 이위근 시인만의 놀라운 감수성에 바탕하고 있으며, 이는 오로지 그만의 독자적 세계라 하겠습니다.

그의 작품 「산과 바다와 노을」에서는 좀 더 자연스럽게 펼쳐지는 정서적 깨달음을 만날 수 있습니다. 〈산이 작아지지 않고/ 언제나 아름다운 모습으로/ 서 있는 것은/ 사람들이 놀러와/ 커다란 욕심 하나씩/ 내려놓고 가기 때문〉이라는 시각이 그러합니다. 〈바다가 잠들지 못하고/ 언제나 출렁대고 있는 것도/ 사람들이 달려와/ 무거운 가슴 하나씩/ 내던지고 가기 때문〉이라는 착상이 그러합니다. 이런 바탕에서 그는 〈봄, 여름/ 가을, 겨울 없이/ 홍조처럼 피어나는 저녁노을은/ 당신이 누군가를 기다리며/ 매달아 놓은 그리움〉을 생성하고 있습니다.

2.

이위근 시인의 '그리움'은 막연한 대상을 통해서도 발현되지만, 구체적 대상을 노래했을 때 더욱 큰 감동을 생성합니다. 「할머니의 초상」에서 그는 〈섣달그믐 날이면/ 대낮 같은 밤이〉 좋았다며, 〈들기름 종지마다/ 가는 한 해의 고마움을 담아〉 불을 환히 밝히시던 할머니를 회상합니다. 그 회상은 〈아! 가슴에 찍어 놓은/ 꽃물 같은 자국〉에 이르러 시인의 가슴에 잊지 못할 추억으로 남아 있습니다.

그는 바닷가에서도 '죄스런 발자국'을 찾아냅니다. 〈그런 바다/ 그런 하늘 한번 못보고/ 아스라이 지평선을 넘으신 어머님〉을 생각하는 시인은 〈갈매기가 물고 오는/ 푸른 설움 하나〉에 목이 멥니다. 그는 「캘린더를 넘기며」 부모님을 유추합니다. 〈어머님 이마 더듬으시며/ 거울 앞에 망연히 흐느끼시던/ 추회의 눈물이나/ 아버님 껴안다 놓쳐버린/ 바람 같은 세월〉을 찾아내는 시인의 놀라운 에스프리가 작품에 담겨 있습니다. 그러나 대상이 특정(特定)되지 않을 때 '보편적 그리움' 역시 독자의 가슴을 설레게 합니다.

아름다움은 그리움을 낳는다.

고적한 산사에서
빨갛게 익어가는
감나무를 만나면
그 황홀함에 심장이 멎은 듯
그 자리에 우뚝 서고 만다.

그것은 신들이 내다 걸은 등불
창조주의 목소리
아담이 이브를 만났을 때
첫 눈빛이 저리 고왔을까?

낙엽이 지고
감나무에 흰 눈이 내려
첫사랑의 꽃물이 들면
나는 그 추억을 찾아 날아가는
한 마리 그리운 산새가 된다.

—「이브의 눈빛」 전문

〈아름다움은 그리움을 낳는다.〉는 서두의 잠언(箴言)에서 출발한 작품은 시선이 '고적한 산사'로 이동합니다. 그는 〈빨갛게 익어가는/ 감나무를 만나면/ 그 황홀함에 심장이 멎은 듯/ 그 자리에 우뚝〉 서게 됩니다. 이 작품의 표면에 드러나지는 않지만 감나무의 홍시를 〈신들이 내다 걸은 등불〉 〈창조주의 목소리〉 〈아담이 이브를 만났을 때/ 첫 눈빛〉으로 비유한 이 작품은 이위근 시인을 '비유의 달인'으로 인식하게 합니다. 그래서 그는 〈감나무에 흰 눈이 내려/ 첫사랑의 꽃물이 들면〉〈그 추억을 찾아 날아가는/ 한 마리 그리운 산새〉가 된다고 고백합니다. 이러한 고백이 그를 시인다운 서정 시인으로 자리하게 합니다.

이러한 감동은 「하얀 봉투」에서도 정서적 충격을 짓습니다. 〈살아생전 할머니께/ 용돈 한번 못 드려 가슴 아파하던 딸애가/ 할머니 기일 영정 앞에/ 하얀 봉투 한 장 꺼내놓고 합장〉하는 서경이 시의 바탕입니다. 단순한 스케치일 수도 있지만, 요즘의 어느 손녀가 이러한 자세를 취할 것이며, 이를 아름답게 바라보는 아버지가 얼마나 있을 것인가, 생각해보면 참으로 귀한 작품입니다. 이에 머물지 않고, 〈오랜 병고로 자리에 누워 계셔/ 곰살궂지 못하고 불효했던 나는/ 금세 눈시울이 젖는다.〉는 통회를 통해 아버지와 딸의 정서적 차원을 가늠하게 합니다. 또한 〈어머니/ 그 봉투 속에 울먹이는 손녀의 아린 가슴/ 맺힌 한을 아시는지요?〉라고 정리한 결구(結句) 역시 훌륭한 서정시의 본보기로 작용합니다.

3.

평생 교육자로서 '빳빳하게 달여 놓은 한복' 같았던 이위근 시인에게 운명의 신이 시샘을 한 것 같습니다. 불청객 위암이 그의 몸에 다가왔고, 고통의 세월을 보내고 있지만, 그의 시혼만은 더욱 밝게 빛나고 있으니, 이는 사람살이의 역설(逆說)이라 하겠습니다. 시 「불청객」에서 그는 〈암흑이었다.〉로 시작합니다. 이어 〈하늘이 무너지고 땅이 꺼졌다./ 곤두박이치는 내 영혼/ 찢어지는 시간/ 거스를 수도 없는/ 절대의 영역/ 빨갛게 그어진 선〉을 만나지만 태연자약(泰然自若)하자고 다

집합니다. 그러나 스스로 느끼는 것처럼 〈정좌할 수 없는 흔들림〉 속에 나날을 보냅니다.

이러한 상황에서도 그는 「아름다움 뒤에는 소멸이 있다」는 깨달음의 경지에 이릅니다. 〈노을이 지면/ 칠흑 같은 어둠이 옵니다./ 그 어둠 있어/ 노을은 그토록 황홀〉하다는 시선을 견지합니다. 〈진주처럼 매달린 영롱한 아침 이슬〉 〈텅 빈 하늘에 철지난 매미 한 마리의/ 더 이상 비상할 수 없는 마지막/ 푸른 노랫소리〉 등을 예로 들면서 〈그대여!/ 진실로 아름다운 것은 그 뒤에 오는/ 소멸 때문〉이라고, 자신을 추스릅니다. 동시에 그는 아내의 흔들림 없는 자세에서 눈물겨운 사랑을 확인합니다.

아내가 나에게 줄 조끼를 뜨고 있다.
마지막 뜨개질이라며, 뜬 조끼를 입고
십 년만 더 같이 살자며 눈시울을 달군다.

나는 안다.
아내가 지금 가슴에 뜨고 있는 별 하나를

이제 얼마 남지 않은 시간을 뜨고 있는 거다.
더 이상 뜰 수 없는 시간을 붙들고 있는 거다.

지난 밤
허공에 사라진 어느 유성의 한줄기 빛처럼
언젠가 사라질 별 하나를
가슴에 매달고 있는 거다.

—「뜨개질」 전문

이 작품을 감상하며, 위암과 사투를 벌이는 가족의 모습이 너무나 평안하여 놀랍니다. 시인의 아내가 털실로 조끼를 뜹니다. 그 조끼를 입고 부부가 10년 동안만 더 행복하게 살자고 말하면서 눈시울을 적십니다. 어쩌면 남편을 위한 마지막 뜨개질일 수도 있기 때문에, 아내는 더욱 정성을 다할 거 같습니다. 아내가 뜨는 조끼는 아내의 별이며, 그 별이 지는 날 이별할 것이기에 〈얼마 남지 않은 시간〉을 뜨는 것이고, 〈더 이상 뜰 수 없는 시간〉을 조끼에 잡아두려는 의도가 보입니다. 〈지난 밤/ 허공에 사라진 어느 유성의 한줄기 빛처럼/ 언젠가 사라질 별 하나를/ 가슴에 매달고 있는 거다.〉라는 결구(結句)는 '슬퍼도 슬퍼하지 않는다'는 애이불비(哀而不悲)의 시심이며, 영원한 사랑일 표징일 터입니다.

이러한 정경에서처럼 그는 가족에 대한 고마움과 미안함을 작품에 담아냅니다. 〈지금도 미소 짓는 첫눈이 흩날리고/ 어둠 찢는 그리움에 뒤척일 때면/ 못다 한 그 노래를 부르기 위해/홀로〉 떠나려는 담담한 정서를 보입니다. 〈한입 가득 베어 문 과육처럼/ 사근사근 녹아나는 아들이 되고/ 개구쟁이처럼 엉키어 뒹구는/ 친구 같은 아빠가 되고 싶다.〉고 말합니다. 〈보석함에 간직한/ 시간의 상자를 열고/ 마지막 결혼을 하는/ 막내의 튀는 웃음을 꺼내〉 보며, 그는 그리움을 표백합니다. 이와 함께 손주의 〈고운 웃음 하나(사진)/ 반달처럼〉 창가에 걸어 놓으며, 그들의 귀여운 재롱 하나하나를 보석으로 간직합니다.

4.

이위근 시인은 위암으로 투병하며 산수(傘壽, 80세)를 넘깁니다. 때로는 놀람, 울분, 절망에 휩쓸리기도 하였을 터이지만, 그가 다다른 경지는 평정(平靜)입니다. 작품 「여행」에서 그는 누군가가 자신에게 세상살이가 어떠했느냐고 물으면 〈여행은 아름다웠다〉고 밝히겠답니다. 〈세상에 비굴하지 않고〉 〈남에게 피해를 주지 않고/ 굽이쳐 바다를 이룬 강물처럼 / 해로하며 천수를 다했다〉면서 '한번뿐인 삶'을 긍정합니다.

이와 같은 긍정은 자녀들을 통하여 삶을 연장하려는 내면으로 전이됩니다. 「성묘 길」에서 그는 〈아버님 따라 걷던 성묘 길/ 오늘은/ 나 홀로 걷습니다.〉 〈발길마다 피어나는 그 모습, 그 내음/ 시냇물도 깔깔깔 웃어주는데/ 아버님 그 웃음 보이지 않네.〉 〈언젠가는 내 아들도/ 혼자 걸을 길〉이라는 형상화가 그러합니다. 그는 내면의 평정을 바탕으로 삶에 대한 경건성을 확보합니다.

수의를 짓는 마음으로
그렇게 살아가고 싶네.

그때는 몰랐었지
어머님 이따금씩
수의를 꺼내시던 마음을

그 속엔
별들이 살고 있었지
미움도 시샘도 꽃잎이 되는
태고의 새끼들이 노래하고 있었지.

하늘 옷을 짓고 있네
마침표를 찍고 있네
그곳에
하느님도 부처님도 와 계시네.

날마다 수의를 짓는 마음으로
그렇게 살아가고 싶네.
—「수의를 짓는 마음으로」 전문

시인은 현재 〈살아 있다는 것만으로도 축복〉으로 인식합니다. 시인에게는 〈나의 벤치에 맨 처음 달려왔던 햇살〉 〈나에게 그림자를 만들어 준 달빛〉 〈속눈썹을 간질이던 바람〉 〈밤새도록 창가에 기대어 울던 귀뚤이〉 〈나를 위해 피어 있는 꽃과 노래하는 새〉 〈나에게 맨 처음 아름다움을 가르쳐 준 밤하늘의 별똥별〉 등에 고마운 정서를 이입합니다. 이러한 사물과 함께 〈나를 아끼고 지켜 주던 많은 사람들〉 〈내가 그리워하던 사람들〉에게 사랑을 전합니다.

흔들리던 마음이 자리를 잡으면 정관(靜觀)에 이르고, 이는 다시 삶의 본질에 이르는 길이 보일 터입니다. 5행의 단시에 시인은 영원을 지향하는 시심을 간결하고 정갈하게 담아냅니다. 〈대웅전 처마 끝/ 하늘을 나는 물고기/ 한 마리/ 몇 겁을 닦아야/ 저리 해탈을 할까!〉 시인은 풍경(風磬)을 통해 이룬 지향에 의해 〈오늘도 누군가 기다릴 것 같아/ 꽃을 찾아 날아가는/ 한 마리 그리운 나비〉로 승화(昇華)합니다.

이와 같은 시심으로 빚은 아름다운 작품 감상의 여로(旅路)를 접으며, 이위근 시인의 쾌유를 기원합니다.